MATYS

ISBN 80-88989-45-0

Vyšlo vo vydavateľstve Matys, Bratislava, v roku 2001.
MMI. Prvé vydanie.
Preložila Nataša Ďurinová.
Vytlačila Tiskárna FINIDR, s. r. o., Český Těšín

Rozprávkový venček

Ilustrovala Dagmar Košková

OBSAH

Hupi-hup, hupi-hup,
najedli sa mačky krúp.

Mačence sa hnevali,
že im krúp nenechali.

•

Skákal pes ponad les,
cez zelenú lúku,
šiel za ním poľovník
s perom na klobúku.

Sivú myšku chrbát bolí,
uchmatla si vrecko soli.
Myška malá, maličká,
uteč, striehne mačička.
Utekaj, utekaj!

Pec nám spadla,
pec nám spadla,
ktože nám ju postaví?
Starý peciar nie je doma
a mladý to nespraví.

Zavoláme radšej deda,
ten má veľké kladivo.
Zahanbiť sa dedko nedá,
hneď sa pustí do toho!

MEDOVNÍKOVÁ
CHALÚPKA

Na okraji hlbokého lesa býval drevorubač so ženou a dvoma deťmi – Jankom a Marienkou. Boli veľmi chudobní a už dlhší čas nemali čo do úst. Na vine však nebola len chudoba, ale i drevorubačova žena. Tá bola lenivá, do roboty sa jej ťažilo, najradšej sa v perinách gúľala, ale jazyk mala ani britva.

Raz, keď si už všetci políhali spať, vraví zlá žena mužovi:

– Ráno zavedieš deti do hory a poručenobohu! Nech si dajako samy poradia, lebo nemáme nič do hrnca! Tej noci však deti nespali a všetko počuli. Janko sa potichu vykradol z chalupy a na dvore nazbieral blýskavé kamienky. Potom sa vrátil do chalupy a ľahol si, akoby nič.

Ráno deťom macocha nakazuje: – Hybajte s otcom do hory a robte všetko, ako vám prikáže…

Braček so sestričkou kráčajú za otcom do hory. Janko však pomaly kamienky z vreciek spúšťal. Keď sa otec nazdal, že sa už deti z lesa nevymocú, prikázal im, aby nazbierali raždia na oheň, a sám sa stratil v hore. Janko s Marienkou drevo ťahajú, a keď už slnko stálo vysoko a otec nič nechodil, unavené deti si ľahli pod liesku a pospali. Marienka sa zobudila až na húkanie sovy. Vystrašene sa posadila a mykala Janka za košeľu, len nech sa preboha zobudí. Braček chytil sestričku za ruku a dali sa hľadať cestu domov. Kde sa kamienok zablysol, tade sa pustili. Naveľa sa celí utrmácaní privliekli domov.

Keď ich macocha vo dverách zazrela, div sa nerozliala na kolomaž. No čo si mala počať? Naoko ich milo privítala, dala im po krajci chleba a poslala ich spať. Keď sa už nazdala, že deti spia, pustila sa do muža:

– Ty taký a taký, prečo si tie havrany hlbšie do hory nezaviedol, sami nemáme čo do úst, čímže ich zajtra nachovám?

– Veď sa už toľko nepaprč, – tíši ju muž. – Zobudia sa, a čo potom? Zajtra ich zavediem do hory, kde sa len medvede grbáľajú, odtiaľ už chodník nijako nenájdu…

Čo ako ticho otec hovoril, deti všetko počuli. Marienka sa pustila do plaču, ale Janko sa zasa vykradol na dvor a tých kamienkov si plné vrecká nabral.

Potichu, aby ho nik nezačul, vrátil sa do chalupy, ľahol si a pokojne zaspal.

– No, deti, vstávajte, – budí ich ráno macocha. – Otec potrebuje pomoc. Choďte s ním do lesa a tak robte, ako vám nakáže.

Janko s Marienkou sa chytili za ruky a vedno s otcom kráčali do hory. Janko však pomaly spúšťa kamienok za kamienkom, aby cestu domov našli. Hlboko v lese nakládol otec oheň a káže deťom, aby konáre a raždie zvláčali, na vatru prikladali, nech nevyhasne. Sám sa pobral do lesa a bukový konár o konár popriväzoval, takže sa zdalo, keď vetrík zafúkal, akoby ktosi v diaľke sekerou do dreva zatínal.

– Počuješ, Janko, tatko je nablízku, – teší sa Marienka. – Azda nás už v hore nenechá.

Deti na otca dlho čakali, na oheň prikladali, ale napokon unavené pri vatre zaspali.

Keď sa braček so sestričkou zobudili, oheň dávno vyhasol a všade vládla hlboká noc. Len konár o konár búchal, akoby dakto sekerou do stromu zatínal.

– Poď, Marienka, ideme cestičku domov hľadať, – povedal Janko, chytil sestričku za ruku a pustili sa v tme vyzerať blýskavé kremenčeky. Kde kamienok zasvietil, tadiaľ sa pobrali. Napokon sa celí utrmácaní privliekli domov.

Keď ich drevorubač zazrel, veru sa aj potešil, že mu deti v hore nezahynuli. Macocha sa naoko pekne okolo nich

mala, no len čo si deti políhali, húdla a sipela do muža, len aby sirôtky do najhlbšej hory zaviedol.

– Zajtra pôjdem aj ja s vami, – hundrala.

Janko s Marienkou všetko počuli. Keď otec s macochou zaspali, braček vstal, že pôjde svietivé kamienky nazbierať, ale beda! Dvere boli zamknuté.

– Neboj sa, sestrička, veď len dáko bude, – utešoval Janko ustráchanú Marienku, ktorá sa zaraz pustila do plaču.

Ráno, len čo slniečko vyhuplo na beláskavú oblohu, budí macocha deti: – Vstávajte, ideme do lesa. Tatkovi treba pomôcť, pôjdem aj ja, lebo vy toľko nezvládzete!

Macocha dala deťom po krajci chleba a pobrali sa do lesa. Janko sa jednostaj obzerá, čo si chce cestu zapamätať.

– Čo sa toľko obzeráš? – šomre macocha.

– Hľadím na holúbka, ako mi spoza komína krídlom na rozlúčku máva, – vykrúca sa bystrý chlapec.

– Hlupák, to nie je holub, to sa iba slnko do komína zapiera, – vraví macocha. Janko, aby nik nepobadal, odštipkáva z krajca a omrvinky pomaly spúšťa na zem.

Tentoraz blúdili tmavým lesom takmer celý deň. Naveľa-naveľa ich macocha s otcom zaviedli na poľanu, nanosili dreva, rozložili vatru a nechali deti

osudu. Utrmácané deti v mihu pospali. Keď sa zobudili, mesiac jasne svietil, ale čo ako Janko odrobinky vyzeral, ani jednu nenašiel. Vtáci ich dávno vyzobali! Úbohé, hladné deti dlho blúdili lesom, kým naďabili na čudnú chalúpku. Steny mala z voňavého chlebíka, strechu zo sladučkých medovníkov a obloky z bielučkého cukru. Janko nelenil a hneď zmorenej Marienke z dverí odlomil. Vtom sa dvere rozleteli a starena-ježibaba kričí na deti:

– Kto ste, čo ste? Ale keď ste už tu, podte dovnútra, dobre vás nachovám!

Janko s Marienkou po toľkom strachu pospali a ježibaba Janka v spánku

13

odniesla do železnej klietky. Odvtedy jej Marienka musela slúžiť a Janíčka baba vykrmovala, dobroty mu znášala a každé ráno prstík merala, či už je dosť tučný.

Chytrý Janko zakaždým miesto prsta drievko babe podstrčil a tá, že už bola poloslepá, ustavične hundrala, že je chlapec iba kosť. Napokon už ježibabu omrzelo vyčkávať, kým sa Janko vypasie, a kázala Marienke nahriať do obrovského kotla vody. Marienka tušila, čo baba zmýšľa. Postavila kotol na pec a nanosila dreva. Otvorila dvierka na peci a dala sa oheň rozdúchavať.

– Ej, babenka! – zavolala Marienka na babu. – Neviem pec rozkúriť, nože mi ukážte, ako sa to robí!

Namrzená ježibaba kotrbu do pece strčila, že to tej šuchte ukáže, a Marienka babu sotila a hneď dvierka zabuchla. Z komína iskry vyleteli a bolo po babe. Potom Marienka Janka z klietky vyslobodila.

Braček so sestričkou si nabrali z medovníkovej chalúpky zlata i drahých kameňov. Cestu domov tentoraz poľahky našli. Ej, ako sa im otec potešil, keď si deti živé uvidel. Všetci spolu už potom v hojnosti a láske nažívali, lebo macochu drevorubač dávno z chalupy vyhnal.

Beží líška k Táboru
s plným vrecom zázvoru.

Ježko za ňou dupi-dupi,
vraj od nej to vrece kúpi.

Aj Uško si ostrí zuby,
lebo zajko zázvor ľúbi.

Líška im nič nedala,
obidvom sa vysmiala.

Zajačik beží po poli,
lesník sa za ním
pechorí.
– Počkaj, ty zbojník ušatý,
nebudeš plieniť
záhrady!

O REPE

Zasadil dedko repu. Každé ráno ešte za rosy, vláčil dedko vodu a polieval repku. Repa rástla, až vyrástla veľká, preveľká.

„Je na čase, aby som ju vytiahol," pomyslel si dedko, vykasal si rukávy a začal repku vyťahovať zo zeme.

Ťahá, vyťahuje, ale vytiahnuť ju nemôže.

Čo teraz? Ľahká pomoc. Dedko si zavolal babku a potom – dedko za repu, babka za dedka, ťahajú, vyťahujú, ale repu vytiahnuť nevládzu.

Čo si teraz počnú? Zavolali na vnučku, usilovnú Aničku. Dedko za repu, babka za dedka, vnučka za babku, ťahajú, ťahajú, ale repu vytiahnuť nevládzu.

– Dedko, zavolajme psíka, – povedala vnučka, – Oriešok nám pomôže. – A tak dedko za repu, babka za dedka, vnučka za babku, psíča za vnučku, ťahajú, ťahajú, ale repa sa ani nepohne.

– Zavolajme mačičku, – šteká psíča, – tá nám istotne pomôže!

Micka pribehla, chytila psíča, psíča vnučku, vnučka babku, babka dedka, dedko repu, ťahajú, ťahajú, ale repu vytiahnuť nevládzu.

– Zavolajme myšku! – povedala mačička. Myška Hryzka pribehla, chytila mačičku, mačička psíčka, psíček vnučku, vnučka babičku, babička deduška, deduško repu, ťahajú, poťahujú, až zrazu bác! Všetci popadali, ale repu vytiahli!

19

Trávička zelená,
to je moje potešenie,
trávička zelená,
to je moja perina.

– Šibi-ryby, Anička,
daj mi pestré vajíčka!

Ak už nemáš maľované,
daj mi aspoň biele!
– Sliepočka ti znesie!

JANKO-POLIENKO

Bol raz jeden chudobný človek. Žil v domci na kraji dediny aj so svojou ženou. Detí nemali, ale hoci bieda za ich stolom sedela, veľmi po deťoch túžili.

– Ach, keby nám pán Boh čo len jedno požehnal, – vzdychala nešťastná žena.

Jedného rána vykopal bedár na políčku koreň, celý bol dokrútený, a keď ho muž v prstoch dlhšie poobracal, zazdalo sa mu, že vyzerá ako detské teliečko. Sekerou koreň poobtesával a priniesol ho domov.

– Žena, tu máš synčeka, – povedal bedár a podal jej koreň-panáčika.

Žena zavinula koreň do prikrývky, prituľkala si ho, pohojdala na rukách a dala mu meno Janko-polienko.

Potom uložila drievko do kolísky a zaspievala mu uspávanku:

– Hajaj, búvaj, dieťatko, dám ti papkať zakrátko. Mamka kašu uvarí, svoje chlapča nakŕmi…

Chudobná ženička spievala a slzy jej od žiaľu padali na panáčika.

Po chvíli sa pobrala do kuchyne, že mužovi aspoň riedkej polievky navarí. Odrazu sa z izby ozve krik:

– Mamka, mamka, daj mi jesť! Ženička divže od ľaku dušu nevypustila. Rozbehne sa do izby a tam v kolíske sedí tučný drevený chlapček.

– Nože, mamka, daj mi jesť! – volá, až sa chalupa otriasa.

Ženička mu prinesie hrnček mlieka, chlápätko ho na dúšok vylogá a zasa vykrikuje, že je on hladný. Ženička k susede uteká, peceň chleba si požičia a Jankovi-polienkovi podáva. Chlapček: Ham! A už je po chlebe.

Kým sa mamka nazdala, prehltol aj ju. Nato zjedol tatka, dievčičku aj s batohom ďateliny a napokon zastal cestu sedliakovi, čo zvážal z lúky seno. Sedliak sa zahnal na dreveného mužíčka, ale Janko-polienko mu vraví:

– Jedol som, zjedol som, hrnček mlieka, peceň chleba, mamku, tatka, dievčičku s ďatelinou a teba, sedliak, zhltnem tiež!

Janko-polienko rozďavil drevené ústa a už bol sedliak aj s vozom a koňmi v drevenom brušisku. Potom si drevený mužíček ďalej vykračoval po ceste, kým nestretol pastiera svíň. Janko-polienko zhltol aj toho spolu so stádom. Čoskoro

zazrel honelníka s ovcami. Ham! a už boli v bruchu. Pes Oriešok mu chcel ub-ziknúť, ale nestačil. Šup! a bol za ovcami aj on!

Napokon naďabil Janko-polienko na kapustné pole. Starenka okopávala hláv-ky, ale drevený mužíček ich po jednej vytrhával a pchal si ich do úst.

– Načo mi robíš toľkú škodu? – narieka babka. – Vari sa ti máli, čo si už pohltal?

– Jedol som, zjedol som, – rehúňa sa Janko-polienko, – hrnček mlieka, peceň chleba, mamku, tatka, dievčičku s ďatelinou, sedliaka s koňmi, pastiera so svin-kami, honelníka s ovcami, psa Orieška a teba, babka, zhltnem tiež! – Rozďavil drevené ústa, že babku zje, ale tá mu rýchlo motykou rozťala brucho. Z brušis-ka vyskočil najprv psík Oriešok, potom honelník s ovcami, pastier so svinkami, sedliak s koňmi, dievčička s ďatelinou, chudobný muž a jeho žena s pecňom chleba v ruke…

Odvtedy už veru ani jeden dieťatko nespomenuli…

– Kam bežíš, zajačik?
– Do mlyna, panáčik.

– Čo v tom mlyne, zajačik?
– Vrece múky, panáčik.

– Na čo múku, zajačik?
– Na koláče, panáčik.

– Načo ti je koláčik?
– Pre mačičku, panáčik.

– Pre mačičku, zajačik?
– Máme svadbu, panáčik.

– Fúkaj, fúkaj, vetríčku,
zhoď mi jednu hruštičku.
Zhoď mi jednu, lebo dve,
však sú sladké obidve.

Hopká zajko brázdou
s veľkou kapsou – prázdnou.

Oproti mu kráča
s koláčiskom Anča.

Dala mu i štyri groše,
nech napečie zajkom lokše.

On si kúpil tabak –
záhorácky lajdák.

HRNČEK, VAR!

Bola raz jedna vdova a tá mala dcéru. Bývali v starej chalupe a žili z ruky do úst.

Raz v lete vdova ochorela a nevládala okolo biedneho gazdovstva. Dievka sa vybrala do hory nazbierať jahody, že z nich mamke kašu navarí. Do uzlíčka si uviazala hrnček a kúsok čierneho chleba. Keď mala hrnček plný jahôd, sadla si k studienke a vybrala chlieb, že sa aspoň trochu nasýti.

Odrazu sa pred dievkou zjavila žobráčka. – Dievčička, od rána som nič nemala v ústach, daj mi aspoň kúštiček z toho chlebíka!

– Vezmite si ho celý, babička, – usmiala sa dievčina láskavo a podala chlieb starene, hoci žalúdok jej skrúcalo od hladu.

– Ďakujem, dievčička, vidieť, že máš dobré srdce. Tuhľa, vezmi si tento hrnček. Doma ho postav na stôl a povedz: „Hrnček, var!“ A hrnček ti navarí toľko kaše, koľko budeš chcieť. Keď budeš mať kaše dosť, povieš:

„Hrnček, dosť!“ a on prestane.

Dievka prišla z hory domov a hneď postavila hrnček na stôl.

– Hrnček, var! – rozkázala a naozaj. V hrnčeku začala bublať a rozvoniavať kaša. Čoskoro bol hrnček plný.

– Hrnček, dosť! – rozkázalo dievča a hrnček hneď prestal kašu variť.

Kaša bola sladučká ani med a chorá vdova s dcérou si nevedeli žobráčkin dar vynachváliť. Od toho dňa hlad nepoznali.

Jedného dňa sa vybrala dievka na trh predať vajíčka. Dlho sa nevracala, darmo vdova vyzerala dcéru z okna – po tej ani chýru, ani slychu. Zobrala teda hrnček, postavila ho na stôl a prikázala mu:

– Hrnček, var!

Kaša zabublala, v chalupe zavoňala škorica a čoskoro bol hrnček plný.

„Idem do komory po misu," pomyslela si vdova, a kým sa motkala v komore a čo najväčšiu misu vyberala, hrnček varil kašu.

Keď sa vdova vrátila do kuchyne, od ľaku capla na zadok. Kaša sa valila na stôl, zo stola na dlážku a hrnček veselo varí. Úbohá vdova načisto zabudla, čo má hrnčeku prikázať. Prikryla ho misou, azda kašu zastaví, ale kdeže! Kaša bublala, rozvoniavala a valila sa ďalej. Už jej bolo po členky. Keď jej mala vdova po kolená, rozbehla sa do izby a vyliezla na starú skriňu. O chvíľu už kaša aj skriňu olizovala, vyrazila dvere a okná a valila sa na dvor. Vdova bedákala, na ratu volala, ale cez prskanie a bublanie kaše ju aj tak nik nepočul.

Kaša zaliala dvor, prevrátila Dunčovi búdu a sliepka od strachu vyletela na komín. Kaša sa rútila po ceste do dediny. Ktovie, akoby sa to bolo bývalo celé skončilo, keby sa dievka nevrátila z trhu. Keď videla tú spúšť, zvriesklaz plného hrdla: – Hrnček, dosť!

Hrnček poslúchol, ale kto sa chcel dostať do domu, musel sa najprv prehrýzť cez kašu.

Spadol z výšky mravček,
vie to celá záhrada.

Utekali po doktora,
nech mu kosti poráta.

Doktor Ferdo, známa vec,
najväčší je učenec.

Poslal recept do lekárne,
lekárničke pani vrane.

Teraz mravček každú chvíľu
musí vypiť medicínu.

Narieka a veľmi stoná,
už je z neho mamka chorá.

– Neplač, mravček milý,
– tíši synka mať.

– Sníček ti dá novej sily,
ráno sa už budeš hrať!

Pofúkala, pohladkala
mamka synka po čele.

A ráno už zdravý mravček,
vyštartuje z postele.

Bežal zajko zaránky,
roztrhal si topánky.
Veverička z konára
líštičke sa privráva:
– Nezašívaj, líška, boty,
kto roztrhal, nech sa potí.

ZVIERATKÁ A ZBOJNÍCI

Na dvore jedného hospodárstva žili pes s mačičkou, capko s baránkom a hus s kohútikom. Raz sa zvieratká vybrali do lesa na skusy. Blúdili, až zablúdili. Kohútik teda vyletel na najvyšší strom a vyzeral, či dakde neuvidí svetlo. Kde je svetlo, tam je aj chalupa, a kde je chalupa, tam sú aj ľudia. Kohútik natiahol krk a zakikiríkal:

– Kikiríki, vidím svetlo! – a krídielkom ukázal, kadiaľ sa musia vydať. Zvieratká sa pustili lesom a zakrátko naďabili na chalúpku.

– Nože, mačička, vyskoč na oblôčik a nazri dovnútra, – povedal opatrný psíček.

34

Mačička ho poslúchla a uvidela zbojníkov, ako si delia za stolom lup. Zľakla sa, že ich chlapiny pobijú, zvrieskla a skydla sa na trávu. Capko sa od strachu postavil na zadné a bradatou, rohatou hlavou tresol do vysvieteného okna. Keď zbojníci zazreli čudnú vyškľabenú tvár, nechali dukáty dukátmi a utiekli do lesa. Zmorené, vyhladnuté zvieratká vošli do chalupy a každé si hľadalo miestečko na prenocovanie.

Capko zaliezol do stodoly, lebo rád obhrýzal šťavnaté steblá. Baranček si ľahol do pitvora, lebo tam je chládok, maškrtná mačička si urobila ležovisko v kuchyni na peci a psíček, ktorý ľúbi obhrýzať kosti, utiahol sa pod stôl. Kohútik vyletel na bidlo pri peci a hus ostala na dvore, aby si na smetisku dačo našla pod zub.

Zbojníci dali v lese hlavy dohromady a hútali, čo sa to za strašid-

lo ukázalo v obloku. Napokon sa pochlapili a jeden pred druhým sa vyťahovali, že sa oni veru ničoho neboja. Kapitán ukázal špinavým prstom na zbojníka Tlčhubu a poslal ho na výzvedy. Tlčhuba sa prikradol ku chalupe, načúval, ale všade ticho. Po špičkách sa teda vkradol do chalupy, vošiel do pitvora a tu baranček zo spánku začne tĺcť hlavou do steny. Zbojník sa naľakal a utekal do izby. Na lomoz sa zobudil kohútik a začal z plných pľúc kikiríkať a psíček tak nahlas brechať, že Tlčhuba ako bez duše vbehol do kuchyne. Tam naňho skočila mačička a podho driapať ostrými pazúrmi zbojníkovu lysinu. Doškriabaný zbojník upaľoval na dvor, ale húska mu zastala cestu a doštípala mu celú nohu. Tlčhuba sa rozbehol do stodoly, lebo netušil, že najväčší výprask naňho čaká práve tam. Capko nabral chlapiska na rohy a tresol ho o zem, až zbojníkovi kosti zapraskali.

Tlčhuba viac nečakal, zobral nohy na plecia a podho do hory.

– Ach, kapitán, ja sa už do chalupy za nič na svete nevrátim! – bedáka. – V pitvore mi kováč kladivom dal po kotrbe a v izbe jeden vykrikoval: „Daj mi ho sem!"

A druhý pritakával: „Tak, tak, tak!" V kuchyni ma krajčír ihlou do krvi doškriabal, ledva som stačil z chalupy živý ubziknúť. Ale to najhoršie ma ešte len čakalo! Na dvore ma dohonil rozzúrený kováč a kliešťami ma celého doštípal. Chcel som sa ukryť do stodoly, no sedliak ma nabral na vidly a tak tresol o zem, že som takmer dušu vypustil.

Keď zbojníci počuli, koľkí bitkári v chalupe striehnu, na dukáty už ani nepomysleli. Veď kto by si dal čo aj pre zlato kožu dodriapať? Roztratili sa po lese a viac o nich nikto nepočul.

Ráno si zvieratká dukáty rozdelili a potom aj cestu domov našli.

Utekaj, Kača, do chalupy,
lebo ťa lapí Muro hlúpy.
Hádam sa nazdal, že si myš,
hľadaj si, Kača, pred ním skrýš.

Dínom-dánom, dínom-dán,
oženil sa kominár.
Vzal si dievku Elišku,
v roztrhanom kožúšku.

Žaba skáče po blate,
kúpime jej na gate.
Na aké, na také,
na zelené, strakaté.

Slimáčik-máčik,
vystrč rôžky,
dám ti grajciar
na parôžky
a toliar
na klobúk,
tebe je to,
braček, fuk!

O PAMPÚŠIKOVI

Žil raz jeden starček so starenkou. Dobre spolu nažívali, hoci často nemali čo do úst.

– Starenka, nože mi usmaž papúšiky, – poprosil jedného dňa starček.

– Rada by som ti nasmažila aj za misu, no nemám múky, – vzdychla si starenka.

– Povymetaj truhlicu, hádam dajakú nametieš, – poradil starček starenke a naozaj. Starenka navymetala za hrsť múky, zamiesila cesto a usmažila jeden veľký pampúšik. Že bol starček hladný, vyložila pampúch na oblok, aby čo najskôr vychladol.

Pampúšikovi sa však na okne nepáčilo. Hopsa! Skotúľal sa na dlážku a vybral sa do sveta. Po ceste stretne zajka. – Postoj, pampúšik, ja ťa zjem! – zvolal zajac, ale pampúšik sa nezľakol. – Ja som pampúch veselý, na masielku smažený, na okienku chladený, dedkovi a babke som utiekol a tebe, zajko, ujdem tiež! – zaspieval a už ho nebolo. Gúľa sa nebojácny pampúšik svetom a postretne vlka.

– Nože, postoj, – vrčí naňho vlk. – Ja ťa, pampúch, zjem!

– Nezješ, vĺčik, – pampúšik na to, – zaspievam ti pesničku: „Ja som pampúch veselý, na masielku smažený, na okien-

ku chladený, dedkovi a babke som utiekol, zajkovi ufrngol a tebe, siváň, ujdem tiež!" Pampúšik dospieval a už ho niet. Gúľa sa svetom, až postretne medveďa.

– Pampúšik, pampúšik, ja ťa zjem!

– Nezješ, macko, – pampúch na to a hneď spustí: „Ja som pampúch veselý, na masielku smažený, na okienku chladený, dedkovi a babke som utiekol, zajkovi ufrngol, vlkovi ufujazdil a tebe, maco, ubzinknem tiež!

Hop! Skok! Gúľa sa tučniačik ďalej lesom a postretne líšku. Začne spievať svoju pesničku a líška ho chváli, vychvaľuje a pampúch sa nadrapuje, vyspevuje z plného hrdla, divže od toľkého spevu nepraskne. Ryšaňa hľadí na speváka a slinky sa jej zbiehajú.

– Pampúšik, nože poď bližšie. Zaspievaj mi rovno do ucha, stará som, nepočujem dobre, – zalieča sa mu prefíkaná kmotrička. Hlupáčik podišiel k líške a tá chňap! Už je pampúch tam!

Jedna dobrá babička
nesie štyri jablčka.

Deduško má len dve,
tak babičke rečie:
– Daj mi jedno jablko,
budeme mať rovnako.

Naša húska biela
húsky vysedela.
Prvé bolo bielučké,
druhé zasa sivučké
a to tretie strakaté…
Prečo sa tak dívate?

Dnes má svadbu vtáčik,
malý jarabáčik.

Prišla pani srna,
priniesla hrsť zrna.

Zajko – druhý hosť
dal mu vajec kôš.

Prišla pani vrana,
na husličky hrala.

Prišiel jeleň z húštiny,
priniesol mu maliny.

Prišla pani líška
a s ňou teta myška.

O KOHÚTIKOVI A SLIEPOČKE

Kohútik so sliepočkou sa vybrali na dvor, že si pohľadajú zrniečka na obed. – Sliepočka, kto prvý nájde zrniečko, ten sa s druhým rozdelí, – povedal kohútik a sliepočka privolila. Len čo našla zrnko, hneď sa s kohútikom podelila.

Čoskoro vyhrabal zrniečko kohútik, ale pretože bol lakomý, rýchlo zrnko zhltol, aby sliepočka nevidela.

Lenže zrnko lakomcovi uviazlo v krku. Úbohý kohútik strepotal kídelkami a zrútil sa na dvor.

– Sliepočka, prines mi rýchlo vodu, lebo je po mne, – žobronil a paprčky vystrel do neba. Vyľakaná sliepočka sa rozbehla ku studničke:

– Studienka, studienka, daj mi vody pre kohútika, leží bezvládne na dvore, bojím sa, že mi umrie!

Studienka však povedala: – Nedám ti vody, sliepočka, kým mi neprinesieš od krajčírky šatku!

Sliepočka sa rozbehla ku krajčírke.

– Krajčírka, daj šatku pre studienku, potom mi dá studienka vodičky pre môjho kohútika! Leží na dvore a bojím sa, že umrie.

Krajčírka však povedala: – Nedám ti šatku, kým mi neprinesieš od obuvníka topánky!

Úbohá sliepočka sa rozbehla k obuvníkovi:

– Obuvník, obuvník, daj topánky krajčírke, tá dá šatku studienke, tá dá vodu kohútikovi, inak mi umrie na dvore!

Obuvník však povedal: – Nedám ti topánky pre krajčírku, kým mi neprinesieš od svinky štetiny!

Sliepočka sa rozbehla za svinkou.

– Svinka, svinka, daj mi štetín, ak mi dáš štetiny, obuvník dá krajčírke topánky, tá dá studienke šatku a studienka sa zmiluje a dá vodičky pre môjho kohútika, inak mi zomrie na dvore!

Svinka však povedala: – Nedám ti štetín, kým mi neprinesieš od pivovarníka slad!

Nešťastná sliepočka sa rozbehla k pivovarníkovi.

– Pivovarník, pivovarník, daj mi slad, ak prinesiem slad svinke, svinka mi dá

štetín pre obuvníka, obuvník topánky pre krajčírku, krajčírka dá šatku pre studienku a studienka vodu pre kohútika! Inak mi kohútik na dvore umrie!

Pivovarník však povedal: – Nie, sliepočka, nedám ti slad, kým mi najprv neprinesieš od kravky Strakuľky smotany!

Sliepočka sa rozbehla ku kravičke.

– Kravička, kravička, daj pivovarníkovi smotany, pivovarník dá slad pre svinku, svinka štetiny pre obuvníka, obuvník topánky pre krajčírku, krajčírka šatku pre studienku a studienka vodičky pre môjho kohútika. Inak mi kohútik umrie na dvore!

Kravička však povedala: – Nedám ti smotanu, sliepočka-kotkodačka, kým mi neprinesieš od lúky šťavnatú trávičku!

Utrápená sliepočka pribehla na lúku:

– Lúka, lúka, daj mi trávičku, ak mi dáš trávičku, kravička mi dá smotanu, sladovník slad, obuvník topánky, krajčírka šatku a studienka vodičku pre môjho kohútika. Inak mi kohútik umrie na dvore.

Lúka však povedala: – Nedám ti trávičku, kým mi neprinesieš z neba rosičku! Čo si mala nešťastná sliepočka počať?

Zaklonila hlávku dohora a prosí nebo:

– Nebo, nebíčko, daj mi rosičku pre lúčku,
lúka dá trávičku pre kravičku, kravička smotanu
pre pivovarníka, pivovarník slad pre svinku,

svinka štetín pre obuvníka, obuvník topánky pre krajčírku, krajčírka šatku pre studienku a studienka vodičky pre môjho kohútika. Inak mi umrie na dvore.

Nebo sa zľutovalo nad sliepočkou i jej kohútikom a zoslalo na lúku rosu. Lúka dala kravke trávu, kravka pivovarníkovi smotanu, ten svinke slad, svinka obuvníkovi štetiny, obuvník krajčírke topánky, krajčírka studienke šatku a studienka sliepočke vodu. Sliepočka nabrala vodičku do zobáka a vliala ju kohútikovi do hrdielka. Voda spláchla zrniečko kohútikovi do bruška, kohútik vyskočil na paprčky, zatrepotal krídlami a veselo zakikiríkal: – Kikiríkí! – Odvtedy nebol lakomý a zakaždým sa o všetko so sliepočkou podelil.

Varila myšička kašičku
v maľovanom hrnčíčku.
Tomu dala na lyžičku,
tomu dala na vidličku
a najmenší vraj je chorý,
rýchlo šmykol do komory
a tam hryzká – veď je myška!

49

Dievka modrooká,
nesedávaj u potoka,
dievka modrooká,
nesedávaj tam!

Zelenučké vodníča
uštipne ťa do líca!
Dievka modrooká,
nesedávaj tam!

– Bude zima,
bude mráz,
kam sa, vtáča,
kam sa dáš?

– Ukryjem sa
pod lístie,
pod ním mrázik
neštípe!

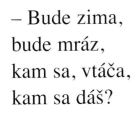

Sedí zajko v nore,
všetky labky choré.
Myška – dobrá kamarátka,
ofukuje labky, hladká.
A na každú boľačku
nastrúha mu mrkvičku.

Sedí líška pod dubom
a bubnuje holubom.

Na píšťalku píska,
keď nepíska – výska.

O ČERVENEJ ČIAPOČKE

Bolo raz jedno malé, milé dievčatko, ktoré mal každý rád, no najradšej ho mala stará mama. Raz darovala vnučke čiapočku z červeného zamatu, a pretože jej veľmi pristala, nikto maličkú odvtedy inak nevolal iba Červená čiapočka. Jedného rána jej mamička hovorí: – Červená čiapočka, tu máš košík, sú v ňom koláče a malinová šťava. Odnes to starej mame, slabá je, nevládze si navariť, nech si pochutí. Ponáhľaj sa, nikde sa nepristavuj, a pekne starú mamu pozdrav.

Červená čiapočka zobrala košík a pobrala sa na cestu, lebo stará mama bývala uprostred lesa na malej čistinke. Ako si tak dievčatko vykračuje po lesnej cestičke, stretne ju vlk.

– Dobré ráno, Červená čiapočka, – pozdravil spôsobne.

– Dobré ráno, vlk, – odvetilo dievčatko, ako ho doma naučili.

– Kdeže, kde tak zavčasu? – pýta sa zbojník zaliečavo.

– K starej mame. Stará mama je chorá, tak sme jej nachystali všelijaké dobroty.

– Pozri, dievčatko, koľko utešených kvietkov tu na lúke rastie. Nazbieraj starej mame kytičku, iste ju voňavý darček poteší, – vraví jej vlk a sám sa vytešuje, ako si najprv pochutí na starom, a potom na mladom mäsku.

Kým dievčatko trhalo kvietky na lúke, prefíkaný vlk vbehol do chalúpky a zhltol chorú starú mamu. Potom si na gebuľu natiahol jej čepiec a na nos narazil okuliare. O chvíľu vošla do chalupy Červená čiapočka.

– Stará mama, aké ty máš veľké uši, – čuduje sa.

– To aby som ťa lepšie počula, – zahuhle vlk.

– Stará mama, aké ty máš veľké oči!

– To aby som ťa lepšie videla!

– Stará mama, aké ty máš veľké ústa!

– To preto, aby som ťa lepšie prehltla!

Len čo to vlk dopovedal, skok! A už mal v bruchu aj Červenú čiapočku. Keď si takto zamaškrtil, spokojne sa zvalil na posteľ a o chvíľu spal a chrápal, len sa tak ozývalo.

Neprešlo veľa času a okolo chalúpky šiel horár. Z domca sa ozýval chrapot, akoby pílil. Vôjde dnu a čo vidí? Vlk fučí s bruchom ani válov. Horár schmatol lovecký nôž a rozrezal vlkovi brucho. Prvá vyskočila Červená čiapočka a pomohla von aj starej mame. Potom rýchlo nanosili skália, vložili vlkovi do brucha a zašili. Netrvalo dlho a vlk sa zobudil. Odvliekol sa k potoku a začne logať vodu. Kamene v bruchu ho prevážili a vlčisko žuch! do bystriny. Voda sa za ním zavrela a bolo po pahltníkovi!

O KOZLIATKACH

Bola raz jedna stará koza a tá mala tri kozliatka. Jedno bolo biele, druhé čierne a tretie strakaté. Žili spolu v malej chalúpke. Jedného dňa koza vraví:

– Kozliatočka, detičky, idem hlboko do hory natrhať šťavnatej trávičky. Nikomu neotvárajte, kým sa nevrátim!

Kozliatka mamke prisľúbili, že budú poslušné a nikoho nevpustia, mamka vzala nošu na chrbát a pobrala sa het.

Čoskoro sa ozvalo buch! buch! na vrátka.

– Kto je tam! – vypytovali sa kozliatka.

– To som ja, vaša mamička, – huhle vlk hlbokým, chrapľavým hlasom, – z hory som prišla, trávku som priniesla!

Kozliatka sa však nedali oklamať.

– Ty nie si naša mamička, – povedalo najstaršie. – Naša mamička má iný hlas, tenučký, jemnučký, nie taký hrubitánsky ako ty. Ty si vlk a my ťa nepustíme!

Vlk sa zvrtol a utekal ku kováčovi. – Kováč, kováč, nože mi ukuj hlas! – volal už z diaľky. Kováč zobral kladivo a tak mocne tresol zbojníkovi po kotrbe, že ten hneď natenučko zapišťal. Naradovaný vlk sa rozbehol ku chalúpke.

– Kozliatočka, kozliatočka, otvárajte, to som ja, vaša mamička, z hory som prišla, trávku som priniesla!

Kozliatkam sa už hlas pozdával, ale najstaršie, najmúdrejšie povedalo:

– Neveríme ti! Vystrč do okienka labku, podľa nej mamičku spoznáme!

Vlk ukázal obrovskú chlpatú labisko a kozliatka hneď vedeli, koľko udrelo.

– Ty nie si naša mamička! – volajú spoza dverí. – Naša mamička má labku bielučkú a jemnučkú, ty si vlk!

Napajedený vlk sa rozbehol k pekárovi, aby mu labu pomúčil. V bruchu mu už cigáni vyhrávali, črevá mu skrúcalo od hladu a v chalúpke sa mladučká kozľacinka ukrýva! S pomúčenou labou hladný zbojník vykrikuje tenučkým hláskom pod oblôčkom a bielu labu vystrkuje.

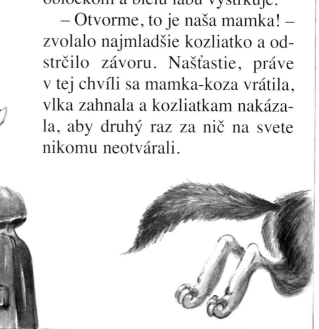

– Otvorme, to je naša mamka! – zvolalo najmladšie kozliatko a odstrčilo závoru. Našťastie, práve v tej chvíli sa mamka-koza vrátila, vlka zahnala a kozliatkam nakázala, aby druhý raz za nič na svete nikomu neotvárali.

Ty, ty, pes,
z pece lez!
Potiahol nám hrianok šesť,
upaľuje ostošesť.

Postretla ho vrana,
hneď je jeho mama.

Postretol ho zajko,
hneď je jeho tatko.

Postretol ho sivý vrabec,
hneď je havkov starý otec.

Postretla ho kozička,
hneď je jeho babička.

Somárik híka od radosti,
že ho brat havko rád pohostí.

Postretla havka husička
a hneď je jeho sestrička.

Postretol ho strýčko býk,
hladný ako námorník.

Postretla ho mačička,
hneď je jeho sestrička.

Naďabil však na vtáka
a hneď je bez ňufáka.

Stretol psíča Emil,
ňufáčik mu zlepil.

JANKO HRAŠKO

Bola raz jedna gazdiná a tá veľmi túžila po synčekovi. Čo len takom maličkom, ako ten hrášok. Roky utekali, ale túžba sa jej nie a nie naplniť. Až v jedno ráno, keď muž odišiel do poľa orať, čosi spopod stola volá na gazdinú:

– Hej, mamko, navar dačo pod zub, odnesiem obed tatkovi na pole!

Gazdiná od úľaku divže dušu nevypustila. Pozerá, oči si ide vyočiť, kým to chlapča pod stolom uvidí. Potešila sa však prenáramne chlapčiatku a dala mu

meno Janko Hraško. Potom si vysúkala rukávy a pustila sa cesto na halušky miesiť. Keď mala obed navarený, vysypala omastené halušky do misy, misu položila do košíka a poslala Janka Hraška na pole. Že bol chlapček maličký, nebolo ho vôbec vidieť, a tak sa každý nazdal, že to kôš sám po chodníku nadskakuje. Čoskoro prišiel Janko Hraško k potoku. Čo teraz? Ako sa dostane na druhý breh? Janko Hraško dlho nehútal, vytiahol lyžicu a preplavil sa na druhú stranu.

– Tatko, nesiem ti obed! – volá z plného hrdla, ale oráč ho nepočuje. Janko Hraško položil teda košík s haluškami na zem, vyškriabe sa na volka a odtiaľ na otca vykrikuje. Teraz ho už tatko zočil a prenáramne sa začudoval, akého synčeka mu pán Boh poslal.

– Tatko, kým budeš obedovať, ja budem volky poháňať! – hovorí Janko Hraško.

– Synček, veď ani bič v rukách neudržíš, ako by si mohol dobytok hnať? – smeje sa mu otec, ale Janko Hraško nedbá. Zaliezol volu do ucha a odtiaľ volá: – Hojsa, volky, hojsa! A volky ho poslúchajú. Kým sa otec naobedoval, bolo poorané.

– Hej, sedliak, – kričí na otca jeden bohatý pán, čo práve išiel okolo, – čo to máš za čudné volky, že ti samy orú?

Natešený otec mu synčeka ukazuje, že to veru Janko Hraško dobytok poháňa, pole orie a otcovi ako dobrý syn pomáha. Urodzenému pánovi sa drobučký paholok preveľmi zapáčil a toľko do otca húdol, kým mu synčeka nepredal. Vyplatil sedliačikovi desať zlatých, chlapčiatko si strčil do torby a pobral sa domov.

Smutný otec z diaľky, ako mu synček stačil pošepnúť, kráčal za pánom. A hľa, na ceste zlatka. A zasa druhá. Huncút Janko Hraško zlatku po zlatke z torby vyhadzuje, kým nie je načisto prázdna. Potom potichu ani myška sám cez dieru z torby vykĺzol a utekal domov.

A pán už zďaleka na ženu kričí: – Poď sa pozrieť, akého oráča som ti kúpil! Na piaď chlap, ale mocný je ako obor! – Strčí ruku do torby, a torba prázdna. Len na dne diera ani päsť. Ej, ale sa doň panička pustila, veď kto to kedy videl, aby sa oráč do torby pomestil!

STARÝ BODRÍK A VLK

Jeden bača mal psa Bodríka. Pes už bol starý, poloslepý, kožuch mal celý od vlčích zubísk dotrhaný, na jednu labu kríval. Dlhé roky bačovi verne slúžil, ovečky pred vlkmi ochraňoval, ale teraz už bol starý a nevládny.

„Načo mi je chromý pes?" hútal bača. „Vyženiem ho, čo ho budem darmo chovať!" Ako si pomyslel, tak aj urobil. Bodrík bol veľmi nešťastný, že sa mu za vernosť takto odplatili, ležal na smetisku a z očí sa mu gúľali horúce slzy. Do jeho búdy zaliezlo mladé psíča a hneď aj zaspalo. Mesiac vyšiel nad kolibu a osvietil horu. Všetko spalo, iba Bodrík len tak na pol ucha. Odrazu zacítil vlka. Chcel vyskočiť a zahnať ho, ale od hladu nevládal. „Bača ma vyhnal," hútal Bodrík, „tak nech si vlk ovečku odnesie."

Ráno šiel bača dojiť ovce a hneď zbadal, že mu jedna chýba.

– Keby strážil Bodrík, vlk by ovcu nikdy neuchmatol, – zahundral si popod fúzy a šiel pohľadať starého psa. Odviedol si ho do košiara, pohladil a dobre ho nakŕmil. Večer už Bodrík neležal na smetisku, ale obchádzal ohradu, aby vlkovi prešla chuť na ovečky. Nad ránom sa vlk prikradol k ohrade, ale Bodrík naň hneď zuby vyceril.

– Čo tu hľadáš! – oboril sa na vlka.

– Čože by som hľadal, po ovečku som si prišiel, – zavrčal siváň.

– Odpáľ odtiaľto, inak ti kužuch vyprášim, – zastrájal sa Bodrík.

– Veď sa už toľko nepaprč, – tíši ho prešibaný vlk, – rozdeľme si ovečku napoly!

– Včera ma bača nenakŕmil, preto som bol slabý a ty si si mohol ovcu odvliecť, ale dnes ma poriadne nachoval!

Bodrík však vedel, že je vlk zbabelý a prešibaný, preto si zavolal aj on bravčeka a starého kocúra.

Keď medveď s líškou v diaľke uvideli krívajúceho psa, kocúra a tučného bravčeka, veľmi sa naľakali.

– Hľa, bratci, ten prvý už kamene zbiera, chce nás nimi prizabiť! – volá medveď.

– A ten druhý rúbe šabľou na všetky strany! – piští líška, lebo sa jej zazdalo, že sa kocúr namiesto chvosta šabľou oháňa.

A keď začuli bravčekovo krochkanie, divže od strachu dušu nevypustili. Medveď sa na strom vyškriabal a líška skočila do tŕnia. Zvieratká vošli do lesa. Kocúr si priadol popod nos: – Mrní, mrní…– a nešťastná líška začula: – V tŕni, v tŕni! – Naľakala sa ešte väčšmi a stratila sa v lese. Bravček zasa pod bukom krochkal: – Kroch, kroch! – A medveď na strome počul: – Hor sa, hor. – Preľakol sa, že sa chce bravček na buk vydriapať, odkväcol na zem a pelášil preč. Keď vlk videl, že ho kamaráti opustili, utiekol aj on a viac sa na salaši neukázal.

Odvtedy sa Bodrík u baču dobre mal a za dobrú opateru bačovi verne slúžil až do smrti.

Svieť, mesiačik, na vodu,
mám ja veľkú robotu.
Šijem, šijem si botičky,
do sucha i do vodičky.

Syseľ kosí otavu,
líštička hrabe,
zajko na voz nakladá,
myška ušľapuje.

AKO SA ĎURKO UČIL PO LATINSKY

– Tatko, – vraví raz Ďurko, syn chudobného sedliačika, otcovi, – čo mám robiť, aby bol zo mňa veľký pán?

– Pánom chce byť každý, – usmeje sa sedliak popod fúzy, – ale ak chceš byť pánom, musíš vedieť latinsky, – poúča ho.

– Keď len to, – mávne rukou Ďurko. – To nič nie je! Pôjdem do sveta a po latinsky sa naučím raz-dva!

– Dobre, synak, ak si trúfaš, choď do sveta, aspoň rozum dostaneš! – privolil sedliačik.

Ďurko si nabral plné vrecká buchiet a pustil sa cestou-necestou. Doteraz však nebol ani za dedinou, a tak sa mu zdalo, že je ten svet len hen, za humnami. Vyjde Ďurko na kopec za dedinou a pred ním leží šíre pole. Čo ako si ide oči vyočiť, pole konca nemá.

– Joj, aký veľký je ten svet, – zalomil mládenček rukami, – kedyže ho ja prejdem? – Pustil sa tým poľom a uši natŕča, keď lepšieho pána vidí, len aby mu latinské slovíčko neuniklo. Čoskoro naďabil na kupca, čo sudy predával a svoj tovar nahlas vychvaľoval: – Hľa, aký je sud guľatý… – Ďurko si zaraz zapamätal dve slová: sud guľatý. Vykračuje si ďalej tým svetom, keď vidí v okne urodzeného grófa, ako pozerá do záhrady a volá na sluhu: – Rys tu pije!

– Sud guľatý, rys tu pije, – opakuje si Ďurko a veľmi sa mu tie slová páčia. „Už viem päť slov po latinsky," raduje sa. „Ešte chvíľu sa budem po svete motať a bude zo mňa pán." Kráča si, vykračuje, až nadàbí na komorníka, ktorý nakazuje sluhovi, aby nanosil truhlice do káry. – Tu je kára! – ukazuje komorník sluhovi a Ďurko si hneď opakuje: – Tu je kára, tu je kára!

„Ej, ako dobre mi tá latinčina ide, čoskoro bude zo mňa pán!" vytešuje sa Ďurko. Už ho aj nohy od toľkej chôdze pobolievajú, keď príde k panskej záhrade. Záhradník práve zem rýľuje, keď sa rozletia dvere na dome a pán nazlostene kričí: – Ten to ryje!

– Sud guľatý – rys tu pije – tu je kára – ten to ryje! – opakuje si Ďurko zázračné panské slová. Odrazu sa zarazí: – A na čo by som sa učil ešte viac? Veď náš kmotor ani toľko nevie, a je pán. Viac sa učiť nebudem, ešte mi aj to vyfučí z hlavy, čo už viem!

Ďurko sa zvrtol na opätku a rozbehol sa domov, akoby mu za pätami horelo.

– Synček sa mi vrátil! – potešil sa sedliačik, keď Ďurka zazrel vo dverách. – A či si sa v tom svete už po latinsky naučil? – vypytuje sa.

– Sud guľatý, rys tu pije, – zadrmolil Ďurko, lebo si zaumienil, že on už inak, ako po latinsky, neprehovorí.

– Čo to trepeš, veď tomu ani čert nerozumie, – krúti hlavou tatko.

– A kde si sa, synček, toľký čas táral? – vyzvedá mamka.

– Tu je kára, ten to ryje, – vysypal Ďurko ako z rukáva.

– Čo sa ti porobilo, čo to pletieš? – čuduje sa mamka, ale Ďurko sa nedá a zanovito opakuje, čo sa bol vo svete naučil: – Sud guľatý – rys tu pije – tu je kára – ten to ryje!

A že to veľmi rýchlo vyrapotal, nik nevedel, čo to vlastne značí. Nešťastná mamka sa vybrala za pastierom, nech jej poradí, ako to seno z chlapcovej hlavy vymiesť. Pastier jej nakázal, aby zobrala vedro studenej vody a nečakane ňou Ďurka obliala. Hádam sa mu potom pamäť navráti. Nešťastná sedliačka nemeškala, nabrala ľadovej vody z potoka, vyškriabala sa aj s vedrom na povalu, a keď išiel Ďurko po dvore, obliala ho, a naozaj – reč sa mu akoby zázrakom vrátila. Vyľakaný Ďurko z plného hrdla zreval:

– Mamka, tatko, ratujte ma, lebo sa utopím!

– Hľa, ako si pekne na ratu zavolal! – smeje sa tatko. – A ja som sa nazdal, že už len po latinsky budeš rozprávať…

– Panebože, veď ja som od strachu latinčinu zabudol, – horekuje Ďurko.

– Čo Boh robí, dobre robí, – chytá sa sedliak od rehotu za brucho. – Pán Boh ti tú latinčinu z hlavy vypláchol. Sedliacky syn má zostať sedliakom a nerobiť zo seba panského blázna, zapamätaj si to, – povedal tatko Ďurkovi a poslal ho orať. Odvtedy už Ďurko na panský život ani nepomyslel a latinčina mu navždycky vyfučala z hlavy.

Tulim bom! Tulim bom!
Koze horí dom.

Murko na zvon zvoní,
že koze dom horí.

Aj kohút sa ponáhľa,
hasiť domec pomáha.

Koza z okna vyskočila
ani mŕtva, ani živá.

Sliepka schmatla vedrá,
od strachu je vedľa.

Tulim bom! Tulim bom!
Zachránili koze dom.

O SMOLÍČKOVI

Smolíček bol malý paholček a býval u jeleňa so zlatými parohmi. Keď jeleň odchádzal do lesa, nakazoval Smolíčkovi, aby nikomu neotváral a nepúšťal ho dnu. Smolíček sa zakaždým dušoval, že poslúchne. Jedného pekného rána sa jeleň zasa vybral do hory. Odrazu klopi-klopi, buch-buch! na dvere. Smolíček však pamätal, čo jelenčekovi prisľúbil, a neotvoril. Tu sa ozve spoza dverí ľúbezný spev:

– Vpustiže nás do chalupy,
Smolíček-paholček.
Hlávky máme boľavé,
nôžky celé krvavé,
len sa zohrejeme,
hneď sa poberieme…

Paholček mal dobré srdce a už-už chcel otvoriť, ale spomenul si na svoj sľub. Keď sa jelenček so zlatými parohmi vrátil domov, Smolíček mu rozpovedal, čo a ako bolo.
– Dobre, že si neotvoril, – pochválil jeleň chlapca. – Boli to jaskynky, zlé víly, uniesli by ťa a utancovali, až by si dušu vypustil.

Na druhý deň, len čo sa za jelenčekom zavreli dvere, ozval sa spev ešte ľúbeznejší ako včera.

– Vpustiže nás do chalupy,
Smolíček-paholček.
Hlávky máme boľavé,
nôžky celé krvavé,
len sa zohrejeme,
hneď sa poberieme…

Smolíček si však pamätal, čo mu jelenček kládol na srdce, a neotvoril. Jaskynky za dverami kvílili, prosili, nariekali, len nech paholček aspoň dvierka pootvorí, čo len na kúštiček, aby si aspoň prstíky ohriali. Úbohý paholček si uši pred ich plačom zapchával, ale napokon privolil. Odchýlil dvierka a jaskynky sprvu len jeden prstík dnu strčili, potom celú dlaň a napokon sa aj ony do chalupy vtlačili. Schmatli nešťastníka za vlasy a už ho zo sebou odvláčajú. Smolíček-paholček zvolal z plného hrdla:

– Ej, doly, ej, hory,
zlatučké parohy,
kdeže sa pasú?
Smolíčka-paholka
jaskynky nesú!

Jelenček začul Smolíčkovo volanie. Pribehol, jaskynky zlatými kopýtkami odohnal a chlapčeka si na zlatom paroží odniesol domov. Doma Smolíčkovi dohováral, pred nešťastím a istou smrťou ho vystríhal.

Chlapec prisľúbil, že už nikdy nikomu neotvorí, čo ako by ho prosili. Pomaly už na jaskynky zabúdal, keď tu zrazu: klopi-klopi, buch-buch!

– Vpustiže nás do chalupy,
Smolíček-paholček.
Hlávky máme boľavé,
nôžky celé krvavé,
len sa zohrejeme,
hneď sa poberieme…

Smolíček spoznal ľúbezný spev jaskyniek. Nechcel im za nič na svete otvoriť, ale jaskynky bedákali, horekovali, že naskutku pomrznú, ak im aspoň prstíky nedovolí ohriať. Že mal Smolíček dobré srdce, uľútostilo sa mu lesných víl a poodchýlil dvierka. Jaskynky sprvu len jeden prstík dnu pretisli, potom celú dlaň a chňap! Už Smolíčka odnášajú do hlbokej hory. Zúfalý chlapček-paholček volá z plných pľúc:

– Ej, doly, ej, hory,
zlatučké parohy,
kdeže sa pasú?
Smolíčka-paholka
jaskynky nesú!

Tentoraz však nešťastník darmo volal, vyvolával. Jelenček sa pásol hlboko v hore a paholka nepočul. Jaskynky odvliekli Smolíčka do tej najtmavšej a najstudenšej jaskyne a tam ho zamkli do železnej klietky. Vykrmovali ho všakovakými dobrotami, len aby chlapec stučnel, že si potom pri mesačnom splne vystroja hostinu. Keď sa im videlo, že už je väzeň dosť vypasený, vyzliekli mu šaty a chystali sa ho utancovať k smrti. Tentoraz Smolíček volal, až sa hory ozývali:

– Ej, doly, ej, hory,
zlatučké parohy,
kdeže sa pasú?
Smolíčka-paholka
jaskynky nesú!

Jelenček so zlatými parôžtekmi pribehol, jaskynky zlatými kopýtkami porozháňal a Smolíčka vyslobodil. Paholček nariekal a dobrému jelenčekovi sväto-sväte sľúbil, že už nikdy nikomu neotvorí. A tentoraz slovo dodržal.

PRINC BAJAJA

Raz sa jeden mladý kráľ vybral do boja. Kým sa udatne bil s nepriateľským vojskom, kráľovnej sa narodili dvojičky. Po práву bol následníkom trónu ten starší, ale kráľovná si obľúbila mlašieho synčeka a toho podstrčila kráľovi ako následníka.

Princovia rástli, až z nich boli urastení, pekní mládenci. Raz vošiel starší kráľovič do stajne a starý koník, čo jeho otca na bojiskách nosieval, mu pravdu vyjavil. Princ sa nahneval, že ho chce vlastná matka o trón pripraviť, a tak sa vybral do sveta šťastie skúsiť a spravodlivosť hľadať.

Osedlal si starého koníka, čo ľudskú reč poznal, a cválali šírym svetom, kým neprišli k hrdému mestu s nádherným kráľovským zámkom. Princ sa hneď chcel ísť ku kráľovi ohlásiť, ale koník ho zahriakol.

– Necháš ma tu v hore, – povedal, – a sám sa pôjdeš do služby pýtať. Vydávaj sa za nemého. Neopováž sa vyrieсť slovka, lebo zle pochodíš. Počkám na teba v hentej skale, ak ma budeš potrebovať, trikrát po brale pobúchaj! – Koník sa zvrtol, podišiel k neďalekej skale a udrel do nej kopytom. Skala sa roztvorila a koník sa stratil v tme.

Princ urobil, ako mu verný služobník poradil. Nemého mládenca kráľ prijal do služby a prikázal mu ochraňovať princezny. Tri sestry boli jedna krajšia od druhej, no princ sa najradšej zvŕtal okolo tej najmladšej. Čoskoro si nemého sluhu všetci obľúbili. Že nevedel povedať, ako ho volajú, dali mu meno Bajaja. Na zámku veselo utekal čas, kým sa pred mestom nezjavili traja draci-obludy a nepýtali si, čo im bol kráľ pred rokmi v tvŕdzi sľúbil. Nemý služobník sa zo zámku vytratil a utekal ku skale. Trikrát na ňu zabúchal, skala sa otvorila a na Bajaju už čakal koník v brnení, ťažký meč a skvostný červený odev. Udatný princ pricválal k dračiemu brlohu a zvolal mocným hlasom:

– Ak sa nebojíš, zmeraj si so mnou sily!

Z dúpäťa sa vyvliekla šupinatá potvora s deviatimi rozďavenými papuľami. Princ Bajaja deväť hodín sekal a ťal, kým drakovi aj poslednú hlavu neodťal.

Na druhý deň vojaci priviedli pred brloh prostrednú kráľovskú dcéru. Princezná nariekala a so svetom sa lúčila, keď sa odrazu zjavil hrdý rytier celý v bielom odetý. Sekal

a ťal do osemnásťhlavého draka celý deň a ešte aj kus noci, kým aj posledná hlava ne-
odletela z odporného teliska. Šťastná princezná sa chcela vysloboditeľovi poďakovať, ale
ten zmizol ani víchor.

Na tretí deň priviedli vojaci pred brloh najmladšiu dcéru. Celé mesto nariekalo, keď
princeznú viedli k brlohu, pretože ju všetci pre dobrotu a krásu milovali. Najmladšiu dcé-
ru na istú smrť vyprevádzal sám kráľ. Len čo sprievod prišiel k dúpäťu, dvadsaťsedem-
hlavý drak sa z diery vyťahuje, papule rozďavuje a oheň a síru chŕli. Už-už labisko po
princeznej naťahuje, keď sa zjaví rytier v striebornom brnení. Tri dni a tri noci s drakom
zápasil, kým mu aj poslednú hlavu neodťal.

Princezná s kráľom cudzinca prosili, aby s nimi odišiel na hrad, že sa mu
kráľovsky za hrdinstvo odmenia, ale rytier sa zvrtol a stratil sa
v hore. O nejaký čas postretlo kráľa nové nešťastie. Ne-
priateľ zaútočil na kráľovstvo a pustošil jednu de-
dinu za druhou. Starý kráľ vytiahol do
boja a princezny zveril nemé-
mu Bajajovi. Na bojisku

sa však Šťastena prikláňala na stranu nepriateľa. Kráľ sa bránil už len s hŕstkou ozbrojencov, keď sa v diaľke zakúdolil prach a rytier v zlatom brnení sa s obnaženým mečom rúti kráľovi na pomoc. Ej, bolže to krutý boj na život a na smrť. Rytierovi v zlatom brnení rameno preťali, ale on ďalej útočí ako rozzúrený lev. Napokon nepriateľa zahnali.

Natešený kráľ sám hrdinovi hlbokú ranu obviazal a do svojej krajiny ho pozýval, nech si bárs celé kráľovstvo za odmenu zoberie. Víťaz sa však len usmial, uklonil sa kráľovi a bez slova sa stratil v diaľke.

Kráľ sa vrátil domov s bohatou korisťou. Ubehli týždne, mesiace, ale neznámy rytier sa na zámku neohlásil. Zarmútený kráľ sa rozhodol, že princezny vydá, aby mal kto zem brániť pred nepriateľom a po ňom raz žezlo prevziať. Dal vyhlásiť, aby sa všetci slobodní muži na nádvorie dostavili. Zlatníkovi prikázal, nech do rána vyhotoví tri zlaté jablká.

Ráno vyšli princezny na balkón a najstaršia prvá hodila zlaté jablko. Jabĺčko sa gúľalo k Bajajovi, ale ten sa uhol, a tak sa prigúľalo k jednému mladému kniežaťu. Naradované knieža zodvihlo jablko a pobralo sa za princeznou. Potom hádzala prostredná. Zlaté jabĺčko sa gúľalo a mierilo rovno k Bajajovi, ale ten sa uhol, a tak sa prigúľalo k bohatému kupcovi. Kupec zodvihol jablko a natešene sa pobral za nevestou. Najmladšia princezná zobrala svoje jabĺčko, hodila a to sa zasa gúľalo rovno k Bajajovi. Mládenec sa mu tentoraz nevyhol a jablko zodvihol. Princezná sa rozplakala a utiekla preč.

Kráľ usporiadal na znak radosti rytiersky súboj. Vtom stráže neznámeho hrdinu ohlasujú, že aj on sa chce zúčastniť bojov. Bol to prestrojený princ Bajaja. Pricválal na hrdom tátošovi, odetý v zlatom brnení.

– Ale veď je to víťaz, ktorý ma pred istou smrťou zachránil! – zvolal kráľ natešene.

Bajaja aj tentoraz zvíťazil v každom súboji, ale očami darmo hľadal najmladšiu princeznú. Tá sa od žiaľu, že sa musí za nemého sluhu vydať, zavrela do svojej komnaty. Kráľ víťaza pozval k bohato prestretému stolu, ale on sa pobral za svojou vyvolenou. Našiel princeznú s tvárou zaborenou do podušky, ako usedavo plače.

– Neplač, princezná, – privravel sa jej vľúdne, – veď ak ma nemiluješ, nemusíš sa za mňa vydať!

Princezná sa strhla na známy hlas, chcela Bajajovi čosi príkre odvrknúť, keď tu vidí pred sebou rytiera, ktorý ju od draka vyslobodil. A čuduj sa, svete, je to jej nemý sluha Bajaja v zlatej zbroji odetý. Najmladšia princezná mu hneď ruku i srdce sľúbila, veď ona len preto Bajaju nechcela, že sa zaľúbila do svojho vysloboditeľa. A bola svadba nad svadby. Bajaja aj svojich rodičov a brata na hostinu zavolal, lebo už kráľovnej dávno odpustil.

A verného služobníka-tátošíka za vrch stola usadil a do smrti sa oňho staral.

Keď som ja slúžil to prvé leto,
vyslúžil som si kuričku za to.
A to kura krákorá, behá po dvore,
moja milá narieka, plače v komore.

Keď som ja slúžil to druhé leto,
vyslúžil som si kačičku za to.
A tá kačka blato pľačká
a to kura krákorá, behá po dvore,
má panenka narieka, plače v komore.

Keď som ja slúžil to tretie leto,
vyslúžil som si husičku za to.
A tá húska hrášok lúska
a tá kačka blato pľačká
a to kura krákorá, behá po dvore,
má panenka narieka, plače v komore.

Keď som ja slúžil to štvrté leto,
vyslúžil som si prasiatko za to.
A to prasa žitko spása
a tá húska hrášok lúska
a tá kačka blato pľačká
a to kura krákorá, behá po dvore,
má panenka narieka, plače v komore.

Keď som ja slúžil to piate leto,
vyslúžil som si teliatko za to.
A to teľa žerie veľa
a to prasa žitko spása
a tá húska hrášok lúska

a tá kačka blato pľačká
a to kura krákorá, behá po dvore,
má panenka narieka, plače v komore.

Keď som ja slúžil to šieste leto,
vyslúžil som si kravičku za to.
A tá krava mlieko dáva
a to teľa žerie veľa
a to prasa žitko spása
a tá húska hrášok lúska
a tá kačka blato pľačká
a to kura krákorá, behá po dvore,
má panenka narieka, plače v komore.

Keď som ja slúžil to siedme leto,
vyslúžil som si volčeka za to.
A ten vôl, všade bol,
a tá krava, mlieko dáva
a to teľa žerie veľa
a to prasa žito spása
a tá húska hrášok lúska
a tá kačka blato pľačká
a to kura krákorá, behá po dvore,
má panenka narieka, plače v komore.

Keď som ja slúžil to ôsme leto,
vyslúžil som si čižmičky za to.
A tie boty do roboty
a ten vôl všade bol
a tá krava mlieko dáva
a to teľa žerie veľa
a to prasa žitko spása
a tá húska hrášok lúska

a tá kačka blato pľačká
a to kura krákorá, behá po dvore,
moja milá narieka, plače v komore.

Keď som ja slúžil posledné leto,
vyslúžil som si dievčatko za to.
To dievčatko sťa vtáčatko
a tie boty do roboty
a ten vôl všade bol
a tá krava mlieko dáva
a to teľa žerie veľa
a to prasa žitko spása
a tá húska hrášok lúska
a tá kačka blato pľačká
a to kura krákorá behá po dvore,
moja milá stelie duchny v komore.

Šiel Janíčko cez strnisko,
ženie húsky na pastvisko
aj veľkého barana,
bude ich pásť do rána.

O BUDULÍNKOVI

V malej chalúpke blízko lesa žil starček so starenkou a ich malý vnúčik Budulínko. Jedného rána sa starenka so starčekom vybrali do mesta na trh. Mesto bolo ďaleko, tak nechali Budulínka doma samého a prísne mu zakázali otvárať dvere.

– Budulínko, včera sa tu obšmietala líška, – varoval ho starček. – Nieže jej otvoríš, istotne sa strojí dačo nám uchmatnúť.

– V rúre máš hrášok. Ak sa nevrátime, daj si ho k obedu, – pohladkala starká vnúčika a potom sa už so starčekom pobrali na trh. Sotva sa stratili z dvora, vytiahol Budulínko misu s hráškom a pustil sa do jedla. Odrazu začuje klopkanie. Pozrie a za oknom vidí líštičku-kmotričku.

– Budulínček, mládenček,
daj mi hrášku
za čepček.
Za hrášok
ťa povozím,
na chvostíku
ponosím.

Budulínkovi sa spev zapáčil, rád by sa bol povozil na líškinom chvoste, ale spomenul si na deduškove slová. Keď líška videla, že jej chlapčiatko neotvára, spustila ešte medovejšie:

– Budulínček, mládenček,
daj mi hrášku za čepček,
za hrášok ťa povozím,
na chvostíku ponosím.

Budulínko nevydržal, otvoril dvere, pohostil líšku hráškom a vysadol jej na huňatý chvost. Líška ho vozila hore-dolu po chalupe a chlapec sa smial a výskal.

Odrazu však šmyk! Líška von z dverí a mieri aj s Budulínkom rovno do hlbokého lesa. Budulínko výska, smeje sa, netuší, aké nebezpečenstvo mu hrozí.

Keď sa večer starček so starenkou vrátili domov, vidia hrach po celej dlážke rozkotúľaný, misa prevrátená a po vnúčikovi ani stopy. Starenka sa pustila do plaču, starček však zvesil zo steny javorové husličky a bubienok a obaja sa vybrali vnúčika hľadať do hory.

Hľadali, hľadali, až prišli k líščej nore. Starček zapidlikal na husličky, starenka bubnovala a spievala:

– Fidli-fidli na husličky,
bum-bum na bubon!
Máme cukor pre líštičky,
hor sa, líšky, z nory von!

Zvedavá líška začula pesničku a poslala najstaršie z líščat, aby sa pozrelo, čo sa to vonku robí. Starček len na to čakal – šupsa, už bolo líšča vo vreci. A pesnička sa ozvala ešte veselšie:

– Fidli-fidli na husličky,
bum-bum na bubon!
Máme cukor pre líštičky,
hor sa, líšky, z nory von!

Líška poslala druhé mláďa, nech sa presvedčí, čo sa to vonku robí, a starček šup ho do vreca. Tak zlapal všetky líščatá aj so starou líškou. Napokon sa z diery vyškriabal aj Budulínko. Bolože to radosti! Odvtedy Budulínko už nikomu neotváral, čo ako milo sa mu privrávali…

DVANÁSŤHLAVÝ DRAK

Bol raz jeden otec a ten mal syna. Keď syn vyrástol, stal sa z neho poľovník. Po čase, keď sa už dosýtosti po hlbokých horách poprehánal, vybral sa do sveta šťastie hľadať.

Dlho chodil a či krátko, až v hlbokej hore nadàbil na vlka. Mladý poľovník natiahol tetivu, že siváňa skolí, keď sa mu ten prihovorí ľudským hlasom:

– Nezabíjaj ma, statočný mládenec, – prosí vlk, – radšej ma zober so sebou, hádam sa ti raz za život dobrom odmením…

Na druhý deň postretli medveďa. Aj ten sa k nim pridal, a tak už putovali traja.

Na tretí deň im lev do cesty skočí, a tak už putujú štyria.

Po nejakom čase vyšli z hory a uvideli mesto s dvanástimi bránami. Celé mesto bolo čiernym súknom potiahnuté. Hľadia na to čudo a odrazu sa jedna z tých dvanástich brán otvorí a vyjde z nej čierny kočiar s kočišom v čiernom odetým. V hrdom koči sedí utešená dievčina celá v bielom, s vencom z bielych ruží. Za kočom pomaly kráčajú sluhovia v smútočnom a usedavo plačú.

– Dobrí ľudia, prečo plačete? – vypytuje sa ich mládenec.

– V jazere za mestom býva dvanásťhlavý drak, – rečie jeden. – Každý mesiac mu musíme priviesť jednu dievčinu. Jedenásť nevinných panien už zožral a teraz je na rade princezná. Ak mu ju nedáme, zničí celé mesto. Kto sa drakovi postavil, každý v nerovnom boji zahynul... Ak sa však nájde smelec, čo nad drakom zvíťazí, kráľ mu dá za odmenu polovicu kráľovstva a princeznú za ženu.

„To je robota pre mňa," pomyslel si mladý poľovník a hneď sa na čelo smútočného sprievodu postaví. Prišli k širočiznému jazeru a nebojácny poľovník odviedol princeznú až k samej vode. Odrazu sa jazero rozbúri, nebo potemnie a v mútnej vode sa zjaví obrovská šupinatá potvora. Statočný junák nemešká, spoza pása ostrý paloš vytiahne a podho dvanásť hláv oblude stínať.

– Ak sa mi chcete za život zavďačiť, teraz pomáhajte! – zvolal na zvieratá.

Drak sa vrhol na mládenca, ale lev mu hneď do mohutného krku zahryzol, medveď chrbát driapal a vlk netvoru ostré tesáky do chvosta zaťal. Drak reval, ohnivé sliny púšťal, ale dravci nič nedbali, potvoru trhali, až bolo jazero od krvi červené. Chrabrý poľovník hlavu jednu po druhej stínal, kým aj tú poslednú oblude neodsekol. Potom vyrezal z každej hlavy jazyk a ukryl si ho do kapsy. Princezná mu s plačom za záchranu ďakovala a zlatý prsteň si z prsta stiahla na znak, že sa mu

za ženu sľubuje. Poľovník sa s ňou rozlúčil a nakázal jej, nech ho len do roka a do dňa čaká, že sa on vráti, ale ešte musí do sveta krivdy naprávať.

Keď vierolomný kočiš videl, že je po drakovi a kráľovská dcéra je živá a zdravá, pohrozil, že ju zabije, ak naskutku neodprisahá, že to on tú potvoru zabil a mesto pred drakom uchránil. Čo mala princezná robiť? Kočiš sa za osloboditeľa vyhlásil a pred kráľa ako dôkaz dvanásť dračích hláv položil. Kráľ dal hneď čierne súkno postŕhať a na znak radosti dal mesto červeným obtiahnuť. Potom rozkázal hrdú svadbu hotovať, ale princezná ho uprosila, aby rok s veselím počkal, vraj si chce sama svadobné šaty perlami povyšívať. Naveľa-naveľa kráľ privolil…

Rok ubehol ako voda a na zámku sa pyšná svadba strojí. Trubači radostnú novinu vytrubujú, keď tu pred bránou mladý junák zastane a pýta si čašu s vínom. Nešťastná princezná z obloka vyzrie a hneď statočného mládenca spozná. Poľovník do vína prsteň vhodil a poslal mladuche. Princezná mok vypije, prsteň si na prst navlečie a kráľovi rečie, že ona len toho bude, kto tento prsteň priniesol. Rozhnevaný kráľ poslal po cudzinca. Ten pred panovníkom smelo zastane a dračie jazyky z kapsy vyťahuje. Prekvapený kráľ dal zaraz hlavy priniesť a naozaj – papule sú bez jazykov. Ej, len vtedy sa kráľ rozhneval! Zradcu kočiša dal do hradnej veže zamurovať a potom sa už slávila svadba, o akej dosiaľ nik nechyroval. Tri zvery na nej tancovali, po tri dni hodovali a potom sa naveky v hore stratili…

Búcha bubeníček,
búcha na bubon
a zvoláva chlapcov:
– Chlapci, podte von!

Zahráme sa na vojakov,
dosť je pušiek aj bodákov!
Zelená sa háj,
nikto nemeškaj!

Káže Katke prísna mať,
kapustičky natrhať.
Susedovie Janíček
podupal jej košíček.
– Ty, ty, ty! Ty, ty, ty!
Ty to budeš platiti!

O ZAKLIATOM PRINCOVI

V jednej krajine panoval kráľ a ten mal švárneho syna. Kráľovič bol nielen pekný, urastený junák, ale i dobrého srdca. O čo väčšmi otec-kráľ syna miloval, o to väčšmi ho kráľovná-macocha nenávidela. Bála sa, že keď sa kráľ pominie, prevezme po ňom žezlo mladý princ. Vybrala sa teda do hlbokej hory, kde v jaskyni žila stará zlá čarodejnica.

Aby ju ježibaba nespoznala, preodela sa kráľovná za cigánku. Tvár si začiernila uhlím, a veru nezľakla sa ani dvoch drakov, čo strážili vchod do jaskyne.

– Po čo si sa tak ďaleko unúvala, kráľovná? – opýtala sa jej striga, lebo čo ako sa kráľovná pretvarovala, baba ju v mihu spoznala.

– Veľa som počula o tvojej múdrosti, – líškala sa babe kráľovná. – Mám nevlastného syna. Ak sa ho nestrasiem, bude raz kráľom. Bohato sa ti za službu odmením, len toho princa premeň na dajakého netvora alebo zvera, nech ho kráľ z dvora sám vyženie…

– To je ťažká úloha, – precedila babisko cez štrbavé zuby. – Kráľ princa miluje a láska veľa zmôže… Teraz hybaj domov, zajtra sa dostavím na zámok, veď si už dajako aj s otcovskou láskou poradíme…

Na druhý deň si striga obliekla neviditeľný plášť a pomedzi nič netušiacu stráž prišla do zámku. Až pred zlou kráľovnou si odhalila škaredú tvár.

– Potrebujem princove vlasy, – povedala. – Inak otcovskú lásku nepremôžem!

Kráľovná sa hneď vybrala do záhrady, lebo vedela, že princ si rád zdriemne pod starou jabloňou. Dobrý princ sladko spal a dačo pekné sa mu prisnilo, lebo sa zo sna usmieval. Kráľovná zavolala babu a tej, keď toľkú nevinnosť videla, uľútostilo sa princa a zaumienila si, že ho načisto nezatratí. Ostrými nožnicami mu odstrihla prameň vlasov a potom sa v neviditeľnom plášti pobrala do zámku. Tam sa zavrela do komôrky na najvyššej veži a čosi varila v starom hrnci a šomrala si popod nos zaklínadlá.

Spiacemu princovi sa zazdalo, že k nemu pristúpila stará ošklivá čarodejnica, dotkla sa ho palicou – spiacim hadom – a takto sa mu privravela:

– Čoskoro sa premeníš na utešenú labuť. Zo zakliatia sa vyslobodíš len vtedy, ak sa do teba zaľúbi nevinná princezná. Ak si ťa princezná za muža vyvolí, kliatba prejde na tú, ktorá si tvoju smrť želala, a vrahyňa sa premení na odporného pavúka, odsúdeného na večný život v tme.

Princ sa na tie slová prebudil a vidí, že je na labuť premenený. Začal zúfalo kričať, ale z dlhého krku mu vychádzal iba ľúbezný labutí spev. Nádhernú pieseň začul vo svojej komnate aj kráľ. Vyšiel na vežu a zahnal sa na labuť: – Heš, labuť, heš! Ešte tvoja clivá pieseň princa v záhrade zobudí!

Nešťastník netušil, že naveky odháňa svojho milovaného syna.

Princ-labuť sa vybral hľadať nevinnú princeznú, ktorá ho zo zajatia vyslobodí. Na mnoho zámkov zaletel, ale odvšadiaľ ho vyháňali. Naveľa-naveľa mu lastovička vyjavila, že veru ona o princeznej s dobrým srdcom počula, ale utešená princezná býva až za morom. Vtedy sa ponúkol biely holub, že on labuti cestu na zámok ukáže. Dlho leteli ponad hory, ponad doly, preleteli jazerá i šíre more.

– Hľa, tam je zámok a záhrada, – ukazuje holúbok krídlom. – Princezná sa v nej každé popoludnie prechádza. Hádam ťa šťastie neopustí…

Princ-labuť zosadol na jazero a začal ľúbezne, clivo spievať.

Princezná hneď do záhrady utekala a nevedela sa vynačudovať, odkiaľ sa tá majestátna labuť zobrala. Počúvala nádhernú pieseň a čosi ju pri srdci zabolelo.

Od toho dňa princezná pri jazere sedávala a načúvala labutej piesni. Labuť k nej zakaždým priplávala a princezná ju pohládzala jemnou bielou rúčkou. Labuť sa k nej nakláňala, smutne hľadela princeznej do očí a zavše ju zobákom pobozkala na pery.

Jedného rána pribehla princezná s plačom k jazeru.

– Ach, labuť, labutienka, pomôž mi, – nariekala. – Otec ma chce vydať za princa zo susedného kráľovstva, ale ja ho neľúbim!

Princ-labuť sa náramne preľakol. Ak sa princezná vydá za iného, bude naveky zakliaty. A on ju ľúbi z celého srdca. Zaspieval tak clivo, až si cudzí princ zo susedného kráľovstva musel zapchať uši a zásnuby nezásnuby, radšej sa vrátil bez nevesty domov.

Ubehlo niekoľko mesiacov a na kráľovskom zámku sa zjavil nový pytač. Ten mal tvrdé srdce, clivého spevu labute sa nezľakol a kráľ naliehal na princeznú, nech sa s princom zasnúbi. Smutná princezná premýšľala, čo robiť, lebo priečiť sa otcovej vôli nemohla. Odrazu holub na jej okienku prehovoril ľudským hlasom: – Povedz, že sa vydáš iba za labuť, čo pláva na jazere! Neboj sa, princezná, všetko sa na dobré obráti!

V tú noc nešťastný zakliaty princ do rána spieval na jazere smutné piesne. Cítil, že sa blíži jeho koniec. Na zámku sa ráno konala hrdá hostina. Vyparádený ženích prišiel s diamantovým zásnubným prsteňom, aby požiadal najcnostnejšiu princeznú na svete o ruku.

– Poďme k jazeru, – povedala princezná, – tam vám poviem svoju odpoveď.

Prekvapený ženích aj s dvoranmi prišli k jazeru. Na vode plávala majestátna labuť. Od smútku, že sa utešená princezná vydá za iného, mala hlávku sklonenú nizučko pri hladine.

– Nemôžem sa za teba vydať, – povedala princezná bohatému ženíchovi. – Nevydám sa za iného, iba za túto hľa labuť. Dnes sa s ňou zasnúbim.

Kráľ vytreštil na dcéru oči. Naľakal sa, že načisto rozum potratila. Princezná však jasným hlasom zavolala na labuť, aby priplávala k brehu.

Keďˑsa labuť dotkla brehu, princezná ešte raz nahlas zvolala:

– Vydám sa iba za moju labuť, lebo sa radšej zmárnim!

V tej chvíli zahrmelo a z vody vyšiel urastený švárny junák v skvostnom odeve. Hneďˑsi pred princeznú kľakol, vrúcne jej pobozkal ruku a k nohám jej položil meč, vykladaný drahokamami, na znak, že za ňu hoc aj život položí. Ohrdnutý ženích viac nečakal, zvrtol sa a urazene odcválal aj so sprievodom.

Princ rozpovedal princeznej aj kráľovi, ako mu zlá macocha s bosorkou porobili. Všetci potom ďakovali holúbkovi, že princeznej dobrú radu dal. Holúbok trikrát potriasol krídlami a premenil sa na bielovlasého láskavého starčeka. Aj jeho kedysi premenila zlá čarodejnica na holuba, ale prišiel čas jeho vyslobodenia. Všetci sa potom spoločne s bohatými darmi vybrali za princovým otcom. Bolože to radosti, keďˑsa starý kráľ zvítal so synom, ktorého už dávno bol oplakal. Hneďˑutekal s radostnou novinou za kráľovnou, no na tróne našiel miesto kráľovnej tučného, odporného pavúka. Čo ako kráľovnú po komnatách aj lesoch hľadali, akoby sa popod zem prepadla. Nik však za zlou kráľovnou nebanoval. Princa hneďˑkráľ namiesto seba na trón posadil a tak princ kraľoval naraz v dvoch krajinách. Bol to kráľ spravodlivý a ku každému láskavý. Len jeden prečin mladý kráľ nemilosrdne trestal, ak niekto ublížil labuti alebo holubu.